Der kleine Rechtschreib-silben-Lotse

Strategisches Rechtschreibtraining
nach Buschmann und FRESCH

Lösungen

Klasse 3

Vorwort

Liebe Kolleginnen und Kollegen,
liebe Eltern,

aufbauend auf dem ersten Band werden die erfolgreichen strategiegeleiteten Förderkonzepte von Buschmann und FRESCH nun vertieft. Sie entdecken dabei auf leicht verständliche und motivierende Weise, wie Wörter systematisch aufgebaut sind. Die Strategien lehnen sich nun enger an die Schwierigkeitsstufen an, so dass eine Übertragung in die eigene Rechtschreibung erleichtert wird. Im Folgeband, dem Rechtschreib-Silben-Lotsen, wird dies endgültig konsequent umgesetzt.

Das verwendete Wortmaterial ist schwierigkeitsgestuft aus dem Grundwortschatz der Klassen 3 und 4 entnommen, so dass die Übungen sehr leicht von den Kindern durchgeführt werden können.

Der Autor ist Rektor einer Stützpunktschule für LRS und Fortbildner im Auftrag des Staatlichen Schulamtes Künzelsau. Seine weiteren Fördermaterialien erhalten Sie in unserem Verlag.

Bestell-Nr. 140-53 · ISBN 978-3-619-01453-8
© 2015 Mildenberger Verlag GmbH, 77652 Offenburg
www.mildenberger-verlag.de
E-Mail: info@mildenberger-verlag.de

Auflage 5 4 3 2
Jahr 2027 2026 2025 2024

Redaktion: Karla Bachhuber-Haller
Grafik: Mildenberger Verlag GmbH
Illustrationen: Jutta Wetzel, 53721 Siegburg

Druck: Soldan Druck GmbH, 45356 Essen
Gedruckt auf umweltfreundlichen Papieren

www.mildenberger-verlag.de

1

Inhaltsverzeichnis

Kapitäne einsetzen

In jeder Silbe steckt immer ein ⚓ (**a, e, i, o, u, y** oder **ä, ö, ü**). Oft gibt es auch Silben mit ⚓ (**au, ei, äu, eu**).

1. In jeder Reihe fehlen dieselben ⚓ (**a, e, o, u**). Schreibe auf.

R⚓gen, L⚓ben, g⚓ben   Regen, Leben, geben
L⚓den, F⚓den, G⚓ben   Laden, Faden, Gaben
M⚓t, H⚓t, G⚓t   Mut, Hut, Gut
M⚓de, B⚓te, B⚓gen   Mode, Bote, Bogen

2. Bei diesen Wörtern fehlt ein ⚓ (**a, e, i, o, u**). Findest du ihn? Schreibe auf.

w⚓her, sog⚓r, d⚓rum, ger⚓de, ⚓neben, gegen, n⚓he, ob⚓n, d⚓gegen, s⚓per, d⚓zu, eb⚓n

woher, sogar, darum, gerade, neben, gegen, nahe, oben, dagegen, super, dazu, eben

3. Hier fehlt ein ⚓ (**ä, ö** oder **ü**). Setze ihn richtig ein und schreibe auf.

m⚓de, n⚓her, dar⚓ber, h⚓her, wor⚓ber, b⚓se

müde, näher, darüber, höher, worüber, böse

4. Setze die ⚓ **au, eu, ei** ein und schreibe auf.

s⚓ber, dar⚓f, gen⚓, l⚓der, her⚓f, t⚓er, w⚓ter, her⚓s, b⚓de, h⚓te, l⚓t, h⚓ter

sauber, darauf, genau, leider, herauf, teuer, weiter, heraus, beide, heute, laut, heiter

---

Vertauschte Kapitäne

1. Vertausche in jedem Wort den ersten ⚓ und lass dabei auch Unsinnwörter entstehen. Achte auf die Groß- und Kleinschreibung.

Ragel	wagen	schaben	sagen
Regel	wegen	scheben	Segen
Riegel	wiegen	schieben	siegen
Rogel	wogen	schoben	sogen
Rugel	wugen	schuben	sugen
Raugel	waugen	schauben	saugen
Reigel	weigen	Scheiben	seigen
Reugel	weugen	scheuben	seugen

2. Lies die Spalten aus Aufgabe 1, so schnell du kannst.

3. Hier sind die ⚓ vertauscht. Wie heißen die Wörter richtig? Schreibe sie auf.

Kehü	Kühe	Megan	Magen
Hinog	Honig	Wecho	Woche
Kegul	Kugel	Legar	Lager
Jegär	Jäger	Segier	Sieger
Meböl	Möbel	Kebal	Kabel
Nedal	Nadel	Leteu	Leute
Sega	Sage	Lenei	Leine
Blemu	Blume	Mental	Mantel
Heso	Hose	Tessa	Tasse
Ketza	Katze	Kerta	Karte

〰 Silben schreiben

1. Male alle 🐝 grün an.

	a	b	c	d	e	f	g
1	be	kel	ei	dür	Auf	fan	Man
2	le	tig	ter	Zau	ter	Ku	Schau
3	ben	be	we	ra	Te	lang	wich
4	tur	ruf	ga	llg	Wun	Os	gel
5	gen	Ge	se	fen	ten	Re	gel
6	tel	hei	Be	del	schich	Re	mel
7	rer	nen	ga	mü	den	te	gen
8	wel	le	Na	Re	Meis	fon	der

2. Setze die Silben aus Aufgabe 1 zusammen und schreibe die Wörter auf. Setze die Silbenbögen.

Nomen:

g2-b1	Schaukel		e1-c4-a3	Aufgaben
c6-b4	Beruf		f4-e2-c1	Osterei
d2-a1-a7	Zauberer		e4-g8	Wunder
f2-g5	Kugel		g1-a6	Mantel
f6-d7-c5	Gemüse		e8-c2	Meister
c8-d6	Nadel		b5-e6-f7	Geschichte
e3-b8-f8	Telefon			

Verben:

b3-c3-a5	bewegen		d1-d5	dürfen
b6-d3-e5	heiraten		a4-b7	turnen

〰 Matrosen einsetzen

Gibt es in einer Silbe nur einen 🧑, steht er fast immer am Anfang:
Lage

1. Setze die fehlenden 🧑 ein und setze die Silbenbögen.

1	2	3	4	5	6	7	8	9	10	11	12	13	14	15	16	17	18	19	20	21
b	ch	d	f	g	h	j	k	l	m	n	p	qu	r	s	sch	t	v	w	x	z

9a3e11 laden ü1e11 üben 14ei2e11 reichen

e1e11 eben 10ö5e11 mögen 1e10ü6e11 bemühen

3ie11e11 dienen 16ie1e11 schieben 5e16e6e11 geschehen

9ei3e11 leiden 19a5e11 wagen 5e6614e11 gehören

4e5e11 fegen 9e5e11 legen 15a5e11 sagen

2. Hier sind die 🧑 vertauscht. Markiere sie blau. Schreibe das Wort auf und setze die Silbenbögen.

> keuSchel, quebem, nafeH, negau, matDut, keSchodale, toFo,
> megein, geteR, farken, mettaH, derage, gateR, beffe, teehuG,
> beteN, gäte, bemeL, teteM, teiteL, deschte

Schaukel, bequem, Hafen, genau, Datum,
Schokolade, Foto, gemein, Regel, kaufen,
Heimat, gerade, Lager, Reihe, Geruch, Nebel,
Lüge, Leben, Meter, Leiter, schade

AB 6

Laute am Wortende (1)

Bei **b**, **d**, **g** am Wortende hörst du oft **p**, **k**, **t**.
Folgt danach ein , hörst du den Buchstaben deutlich.
Beim Verlängern hilft dir das Zauberwort **alle**.

der Hund – alle Hunde

1. Verlängere die Nomen und schreibe sie auf.

b/p	d/t	g/k
das Kal... der Bar...	der Ber...	
alle Kälber	alle Bärte	alle Berge
der Ty...	das Bil...	der Schran...
alle Typen	alle Bilder	alle Schränke
der Kor...	das Rin...	das Geschen...
alle Körbe	alle Rinder	alle Geschenke

2. Verlängere die Verben. Bleibe in derselben Zeit. Schreibe auf.

er gibt – alle geben

b/p: er trei...t – alle treiben   er pum...t – alle pumpen

d/t: sie fan... – alle fonden   sie rä... – alle raten

g/k: es bie...t – alle biegen   er hin...t – alle hinken

3. Verlängere die Adjektive. Ein Nomen ist dafür nötig. Schreibe auf.

grob – alle groben   Steine

b/p: hal... – alle halben   Sachen plum... – alle plumpen   Tiere

d/t: gesun... – alle gesunden   Kinder fes... – alle festen   Stoffe

g/k: kran... – alle kranken   Kinder klu... – alle klugen   Ideen

---

AB 5

Nomen zusammensetzen

1. Diese Wörter haben drei, vier und fünf Silben. Schreibe in die richtige Spalte und setze die Silbenbögen. Sprich die Wörter mit.

Kinderlieder, Scheibenwischer, Gemüseladen, Obsttorte, Einladung, Aufgabe, Lagerfeuer, Fernseher, Dachboden, Marmelade, Überraschungen, Fingernagel, Kinderzeichnungen, Laternenkerze, Morsezeichen, Buchseite, Reiseerlebnis, Kindergesichter

Obsttorte	Kinderlieder	Gemüseladen
Einladung	Scheibenwischer	Überraschungen
Aufgabe	Lagerfeuer	Kinderzeichnungen
Fernseher	Marmelade	Laternenkerze
Dachboden	Fingernagel	Reiseerlebnis
Buchseite	Morsezeichen	Kindergesichter

2. Setze die Nomen zusammen und schreibe sie auf. Setze die Silbenbögen.

    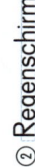  

① Dachfenster   ② Regenschirm

③ Handschuh   ④ Apfelkuchen

⑤ Nagelschere   ⑥ Tischlampe

∿ / ⌒→ ng – nk

1. Setze die Silben zusammen. Schreibe die Wörter in die richtige Spalte. Setze die Silbenbögen.

An-, Ar-, En-, En-, Schlan-, Tan-, Man-, Blin-

ge-, ge-, ge-, ge-, ke-, ke-, ker

ng
Angel
Engel
Schlange
Mangel

nk
Anker
Enkel
Tanker
Blinker

2. Finde die Verben und schreibe sie auf. Verlängere sie dann.

-ngt: schwi-, zwi-, kli-, bri-, spri-, si-

-nkt: wi-, bli-, tri-, si-, le-, sche-

sie klingt – alle klingen
sie springt – alle springen
sie singt – alle singen
sie bringt – alle bringen
sie zwingt – alle zwingen
sie schwingt – alle schwingen

sie trinkt – alle trinken
sie sinkt – alle sinken
sie lenkt – alle lenken
sie schenkt – alle schenken
sie blinkt – alle blinken
sie winkt – alle winken

3. Verlängere die drei Adjektive. Schreibe sie auf.

lang – alle langen _____ Stangen
flink – alle flinken _____ Tiere
schlank – alle schlanken _____ Bäume

∿ / ⌒→ Laute am Wortende (2)

Überlege bei den Wörtern mit Strategiezeichen, welche ⌒⌒ passen, und schreibe die Sätze auf.

ld/lt: Im Urwald zelten alte Wilderer.

Im Urwald zelten alte Wilderer.

ld/lt: Auf dem Bild halten die Menschen ihre Schilder hoch.

Auf dem Bild halten die Menschen ihre Schilder hoch.

nd/nt: In dieser Stunde am Abend scheint der Mond.

In dieser Stunde am Abend scheint der Mond.

nd/nt: Am Abend staunte das Kind über die Rinder.

Am Abend staunte das Kind über die Rinder.

rd/rt: Die Herde ordnet sich und startet los.

Die Herde ordnet sich und startet los.

Leoparden leben auf der Erde.

Leoparden leben auf der Erde.

lg/lk: Die Kühe folgen uns, damit wir sie melken können.

Die Kühe folgen uns, damit wir sie melken können.

rg/rk: Sie merken die Wirkung der Birkenblüten.

Sie merken die Wirkung der Birkenblüten.

rg/rk: Die starken Zwerge leben in den Bergen.

Die starken Zwerge leben in den Bergen.

∿ z – tz (2) — AB 10

1. Überlege, ob du **z** oder **tz** in die Lücken einsetzen musst. Hörst du ein **z**, streiche den ersten 🐾 durch. Fünf Wörter schreibst du mit **z**.

Meine Ka🐾🐾en

Ich besi🐾🐾e drei Ka🐾🐾en. Sie wäl🐾🐾en sie sich gerne im kühlen Sand.

Dabei werden sie oft schmu🐾🐾ig. Danach se🐾🐾en sie sich hinter meine Pflan🐾🐾en und pu🐾🐾en sich ihre Schnau🐾🐾en.

Auf ihren Plä🐾🐾en lecken sie sich auch ihre Pfoten und Schwän🐾🐾e.

Wenn sie spielen, kra🐾🐾en sie mit ihren spi🐾🐾en Krallen die Fäden aus meiner alten Mü🐾🐾e. Das sieht aus, als würden sie tan🐾🐾en.

Um sich zu schü🐾🐾en, haben sie ihre Krallen eingezogen, damit sie sich nicht verle🐾🐾en.

In der Mittagshi🐾🐾e schä🐾🐾en sie einen Mittagsschlaf.

2. Schreibe die Wörter aus Aufgabe 1 auf.

Katzen, besitze, Katzen, wälzen, schmutzig, setzen, Pflanzen, putzen, Schnauzen, Plätzen, Schwänze, kratzen, spitzen, Mütze, tanzen, schützen, verletzen, Mittagshitze, schätzen

---

∿ z – tz (1) — AB 9

Finde die Regel selbst. Achte auf 🐝🐝, 🐝🐝, 🐝 vor dem **z/tz**:

Witz   Kreuz**ung   Wal**z**e**

Nach einem 🐝🐝 folgt fast immer ein _tz_.

Nach einem 🐝🐝 steht ein _z_.

Nach einem 🐝 folgt ein _z_.

1. Wende diese Regeln bei den Nomen an und setze **z/tz** ein.

der Schu_tz_, der Bli_tz_, das Kreu_z_, der Scha_tz_, das Sal_z_, die Spi_tz_e, die Pflan_z_e, der Besi_tz_, der Pu_tz_, der Pla_tz_, der Spi_tz_er, die Wal_z_e, der Schmer_z_, der Wi_tz_, der Spa_tz_, der Pil_z_, das Ne_tz_, der Schmu_tz_, die Hi_tz_e, die Mü_tz_e, das Her_z_, die Schnau_z_e, der Wei_z_en, die Kreu_z_ung, der Kra_tz_er, der Schwan_z_.

2.* Schreibe zu acht der Nomen aus Aufgabe 1 die entsprechenden Verben.

der Schutz	schützen
der Blitz	blitzen
das Kreuz	kreuzen
das Salz	salzen
die Spitze	spitzen
die Pflanze	pflanzen
der Besitz	besitzen
die Walze	walzen
der Schmerz	schmerzen

* Beispiellösung: Andere Lösungen sind möglich.

k – ck

Achte auf [ ], [ ] vor dem k/ck:

Nach einem [ ] musst du in Silben sprechen, dann hörst du k oder ck:
Laken – Acker (ich höre kk).

Nach [ ] steht k: Pauke.

Steht vor dem k ein [ ], folgt kein ck: sinken.

1. Überlege, ob du k oder ck schreibst.
Setze dazu die Silbenbögen und streiche bei k den ersten [ ].

Verben: denken, stecken, lecken, sticken, wecken,
erschrecken, schicken, singen, trinken, schmecken,
schenken, backen, zanken, drücken

Nomen: die Getränke, die Schränke, der Balken,
die Strecke, die Decke, der Rücken, die Ecke,
die Brücke, der Dackel, der Henkel, der Funke

2. Schreibe die Wörter aus Aufgabe 1 in die richtige Spalte.

k	ck
denken, sinken, trinken,	stecken, lecken, sticken,
schenken, zanken, die	wecken, erschrecken,
Getränke, die Schränke,	schicken, schmecken,
der Balken, der Henkel,	backen, drücken,
der Funke	die Strecke, die Decke,
	der Rücken, die Ecke,
	die Brücke, der Dackel

z – tz verlängern

Steht z/tz am Ende des Wortes, musst du das Wort verlängern.
Dabei hilft dir das Zauberwort **alle**.

Verlängere die Wörter. Setze z oder tz ein.

Nomen: der Schatz – alle Schätze

der Blitz, der Schmerz, der Kranz, der Putz,
der Platz, das Herz, der Schwanz, der Harz.

der Blitz – alle Blitze, der Schmerz – alle Schmerzen,
der Kranz – alle Kränze, der Putz – alle Putze,
der Platz – alle Plätze, das Herz – alle Herzen,
der Schwanz – alle Schwänze, der Harz – alle Harze

Verben: er putzt – alle putzen

sie spitzt, er schätzt, sie walzt, sie sitzt,
es platzt, er schützt, es schmerzt, sie salzt

sie spitzt – alle spitzen, er schätzt – alle schätzen,
sie walzt – alle walzen, sie sitzt – alle sitzen,
es platzt – alle platzen, er schützt – alle schützen,
es schmerzt – alle schmerzen, sie salzt – alle salzen

Adjektive: kurz – alle kurzen Stöcke
stolz, spitz.

stolz – alle stolzen Eltern, spitz – alle spitzen Steine

k – ck verlängern

Steht **k/ck** am Ende eines Wortes, musst du das Wort verlängern. Dabei hilft dir das Zauberwort **alle**.

Verlängere die Wörter. Setze **k** oder **ck** ein.

Nomen: der Schran**k** – alle Schränke

der Blo__, der Augenbli__, das Geschen__, das Stü__, das Wer__, das Geträn__, der Fle__, der Pun__t

der Block – alle Blöcke, der Augenblick – alle Augenblicke,
das Geschenk – alle Geschenke, das Stück – alle Stücke,
das Werk – alle Werke, das Getränk – alle Getränke,
der Fleck – alle Flecke, der Punkt – alle Punkte

Verben: er le**ck**t – alle le**ck**en

sie mer__t, es sin__t, er stri__t, er dan__t, es schme__t

sie merkt – alle merken, es sinkt – alle sinken,
er strickt – alle stricken, er dankt – alle danken,
es schmeckt – alle schmecken

Adjektive: pin**k** – alle pin**k**en Autos

star__, di__

stark – alle starken Männer, dick – alle dicken Äpfel

k – ck Übung

Wenn du die Wörter verlängerst, kannst du die Schreibweise genau hören. 10 Wörter schreibst du mit **k**.

1. Überlege, ob du **k** oder **ck** in die Lücken einsetzen musst. Hörst du ein **k**, streiche den ersten **k** durch.

Das Geschenk

Man mer__t es schon am Morgen. Der Geburtstag meines Bruders rü__t näher. Meine Mutter ba__t dann immer einen Kuchen.

Am Mittag ist es endlich so weit. Sie schi__t ihn aus dem Zimmer und de__t den Tisch.

Dann kommt der Augenbli__. Sie ruft meinen Bruder und drü__t auf die Klin__e. Die Tür geht ein Stü__ auf. Meine Mutter mer__t seine Aufregung. Am Tisch trin__t mein Bruder zuerst seine Scho__olade aus. Ich esse als Erstes Kuchen. Er schme__t wunderbar. Danach holt meine Mutter das Geschen__ aus dem Schran__ und gibt es ihm. „Pa__ es aus!", rufe ich. Im Pa__et ste__t eine neue Spielekonsole. Er ist glü__lich und dan__t unseren Eltern.

2. Schreibe die Wörter aus Aufgabe 1 auf.

Geschenk, merkt, rückt, backt, schickt, deckt, Augenblick, drückt, Klinke, Stück, merkt, trinkt, Schokolade, schmeckt, Geschenk, Schrank, Pack, Paket, steckt, glücklich, dankt

ll – mm – nn verlängern

Um zu erkennen, ob am Ende eines Wortes ein 🕷 oder 🕷 desselben Buchstabens stehen, musst du das Wort verlängern. Dabei hilft dir das Zauberwort **alle**.

1. Schreibe die Adjektive in die richtige Zeile und finde ein Verlängerungswort.

klamm, schlimm, dünn, fromm, stumm

mm: klamm – alle klammen Kleider

schlimm – alle schlimmen Unfälle

fromm – alle frommen Mönche

stumm – alle stummen Sänger

nn:

dünn – alle dünnen Bäume

2. Schreibe die Wörter mit **ll** auf und verlängere sie.

Unfall: der Unfall – alle Unfälle

Anfall: der Anfall – alle Anfälle

Einfall: der Einfall – alle Einfälle

Zufall: der Zufall – alle Zufälle

Notfall: der Notfall – alle Notfälle

(Un- Zu- Not- Ein- An- **fall**)

3. Finde das Verlängerungswort und schreibe es auf.

dünn – alle dünnen   Felle   toll – alle tollen   Autos

still – alle stillen   Kinder   prall – alle prallen   Bälle

---

ll – mm – nn

1. Setze **ll**, **mm** oder **nn** ein und schreibe die Wörter in die richtige Spalte.

Falle, stellen, erkennen, bekommen, brüllen, Brunnen, Hammer, bellen, Donner, Hummel, Nummer, fallen, Halle, nennen, Sommer, sammeln, Quelle, Spinne, summen, Keller, bannen, Tanne, sonnen, rammen

ll	**mm**	**nn**
Nomen:		
Falle	Hammer	Brunnen
Halle	Hummel	Donner
Quelle	Nummer	Spinne
Keller	Sommer	Tanne
Verben:		
stellen	bekommen	erkennen
brüllen	sammeln	nennen
bellen	summen	bannen
fallen	rammen	sonnen

2. Entscheide, ob **l / n** oder **ll / nn** fehlt. Setze die Silbenbögen und schreibe die Wörter auf.

l/ll: Schwelle, Schale   Schwelle, Schale

n/nn: Tonne, Töne   Tonne, Töne

↪ ff – rr verlängern

1. Schreibe die Wörter mit **ff** auf und verlängere sie.

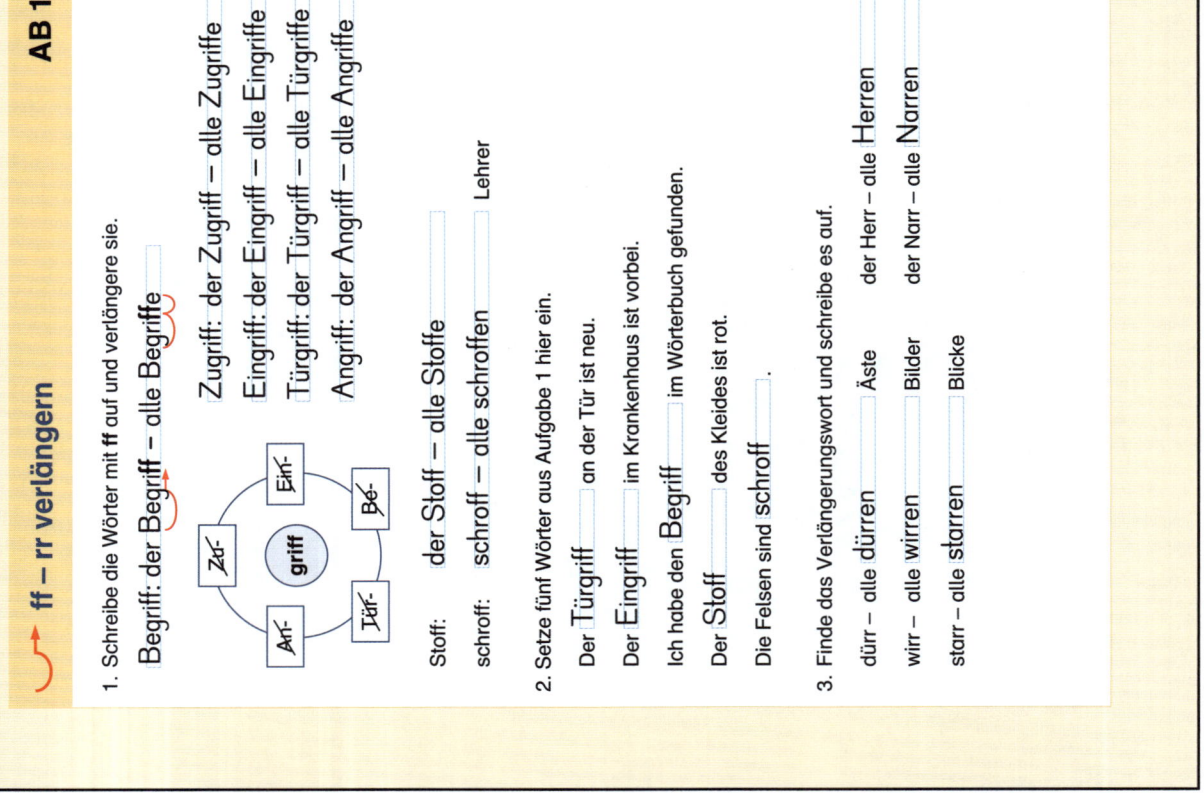

Begriff: der Begriff – alle Begriffe

Zugriff: der Zugriff – alle Zugriffe
Eingriff: der Eingriff – alle Eingriffe
Türgriff: der Türgriff – alle Türgriffe
Angriff: der Angriff – alle Angriffe

Stoff: der Stoff – alle Stoffe
schroff: schroff – alle schroffen [____] Lehrer

2. Setze fünf Wörter aus Aufgabe 1 hier ein.

Der Türgriff [____] an der Tür ist neu.
Der Eingriff [____] im Krankenhaus ist vorbei.
Ich habe den Begriff [____] im Wörterbuch gefunden.
Der Stoff [____] des Kleides ist rot.
Die Felsen sind schroff [____].

3. Finde das Verlängerungswort und schreibe es auf.

dürr – alle dürren [____] Äste   der Herr – alle Herren
wirr – alle wirren [____] Bilder   der Narr – alle Narren
starr – alle starren [____] Blicke

ʒ ff – rr

Bei manchen Wörtern hörst du oft nur ein **f** oder **r**.
Du schreibst sie jedoch mit **ff** oder **rr**.
Sprich das Wort in Silben, dann hörst du, ob nach dem 🂠 ein **f** oder 🂠 **r** kommen: Seife – Schiffe.

Bei diesen Wörtern ist die letzte Silbe verloren gegangen.
Setze sie zusammen und schreibe sie auf.
Setze dann die Silbenbögen.

Nomen: Af-, Pfar-, Waf-, Bar-, Stof-, Nar-, Kartof-, Unter-, Zif-
Verben: sper-, star-, hof-, schnur-, tref-, kläf-, zer-, of-, mur-, ir-, schaf-

ff
Affe
Waffe
Stoffe
Kartoffel
Ziffer
hoffen
treffen
kläffen
offen
schaffen

rr
Pfarrer
Barren
Narren
Unterricht
sperren
starren
schnurren
zerren
murren
irren

∽ pp – tt

1. Setze **pp** oder **tt** ein und ordne nach Reimwörtern.
Immer drei Wörter reimen sich.

Gri▦▦e, Kla▦▦e, Fu▦▦er, Su▦▦e, Gewi▦▦er, Bu▦▦er,
Li▦▦e, Wi▦▦e, Pu▦▦e, Pa▦▦e, Bla▦▦er, La▦▦en,
Ma▦▦e, Wa▦▦en, Mu▦▦er, Ku▦▦e, Twi▦▦er, Ba▦▦en

Grippe	Lippe	Wippe
Klappe	Pappe	Mappe
Futter	Butter	Mutter
Suppe	Puppe	Kuppe
Gewitter	Ritter	Twitter
Lappen	Wappen	Rappen

2. Setze die Silben zusammen und schreibe die Wörter auf.

Silbe 1: dop-, flat-, Flot-, füt-, hop-, klap-, klet-, Mit-, plap-, rap-, Rat-, ret-,
Schlit-, schüt-, schüt-, stop-, Wet-, zit-

Silbe 2: peln, peln, pen, pelt, pern, pern, te, te, te, ter, teln, ten, ten, ten,
tern, tern, tern, tern

doppelt, flattern, Flotte, füttern, hoppeln, klappern, klettern,
Mitte, plappern, rappeln, Ratte, retten, Schlitten, schütten,
schütteln, stoppen, Wetter, zittern

⤵ pp – tt verlängern

1. Verlängere die Wörter mit dem Zauberwort **alle**. Schreibe sie auf.

er sto▦▦t – alle stoppen ⟍   er schle▦▦t – alle schleppen
es kla▦▦t – alle klappen   sie ki▦▦t – alle kippen
kapu▦▦ – alle kaputten Autos   pla▦▦ – alle platten Reifen
ne▦▦ – alle netten Leute   ma▦▦ – alle matten Farben
sa▦▦ – alle satten Tiere   gla▦▦ – alle glatten Stellen

2. Achtung: Bei diesen Verben musst du deutlich in Silben sprechen.
Dann hörst du, ob du sie mit **d/t** oder **tt** schreibst.

Grundform	Gegenwart	Vergangenheit	Vergangenheit
schreiten	ich schreite	ich schritt	alle schritten
schneiden	ich schneide	ich schnitt	alle schnitten
reiten	ich reite	ich ritt	alle ritten
gleiten	ich gleite	ich glitt	alle glitten
streiten	ich streite	ich stritt	alle stritten

3. Setze die Verben aus Aufgabe 2 ein. Achte auf die Zeit.

Gestern schnitt ____ ich die Blumen. Danach ritten ____ wir

mit unseren Pferden.

Dabei glitt ____ mir

der Zügel aus der Hand.

Alle schritten ____ zu mir

und stritten ____ sich,

wie das passieren konnte.

s – ss – ß (2)

Verwandte Wörter aus der Wortfamilie können dir helfen.
Hörst du beim Silbensprechen ein **s** bei Wörtern, die du bei verwandten Wörtern mit **ss** schreibst, musst du **ß** schreiben: reißen – rissen.

Schreibe die Wörter in die Zeilen und setze **ss** oder **ß** ein.
Setze die Silbenbögen und streiche bei **ß** einen.

genie__en, die Genü__e, geno__en

genießen, die Genüsse, genossen

me__en, wir ma__en, die Ma__e

messen, wir maßen, die Maße

schie__en, die Schü__e, wir scho__en

schießen, die Schüsse, wir schossen

e__en, wir a__en, gege__en

essen, wir aßen, gegessen

die Schlö__er, schlie__en, geschlo__en

die Schlösser, schließen, geschlossen

die Flü__e, flie__en, geflo__en

die Flüsse, fließen, geflossen

---

s – ss – ß (1)

1. Schreibe die Wörter in die richtige Spalte.

Absicht, Kiste, Messer, draußen, blasen, wissen, kosten, Fenster, beißen, Knospe, Felsen, Ausflug, Kasse, Gesicht, schießen, Wüste, Taste, Rasen, passen, stoßen, messen, grüßen, Nüsse, Klasse, Weste, Pause, Bluse, Wesen, größer, heißer, lassen, fleißig, außen, besser, Vase, rosten

s	ss	s	ß
Kiste	Messer	Absicht	draußen
kosten	wissen	blasen	beißen
Fenster	Kasse	Felsen	schießen
Knospe	passen	Gesicht	stoßen
Ausflug	messen	Rasen	grüßen
Wüste	Nüsse	Pause	größer
Taste	Klasse	Bluse	heißer
Weste	lassen	Wesen	fleißig
rosten	besser	Vase	außen

2. Lies die Wörter aus Aufgabe 1 laut vor.
Nur das **s** in der 3. Spalte darf wie bei einer Biene summen.

AB 24

s – ss – ß Übung

1. Überlege, ob du **s**, **ss** oder **ß** in die Lücken einsetzen musst.
Beachte dabei die Strategiezeichen unter den Wörtern.
Streiche bei **s** oder **ß** einen ...

Eine Fahrt an den Flu...

Ge...tern be...uchten wir den nahen Flu... .
Wir begrü...ten ihn herzlich, denn er hatte gerade Hochwa...er.
Leider hatte ich meine Kamera verge...en, so dass ich keine
Bilder schie...en konnte, obwohl es sehr lu...tig wurde.
Am Ufer stie... Peter seinen Freund aus Spa... an.
Dabei rutschte er aus und fiel ins Wa...er.
Zum Glück war ein Fel...en in der Nähe und er bekam ihn zu fa...en.
Von dort konnte er ans Ufer springen.
Doch nun war er na... . Die Lehrerin lie... ihn bald abholen.

2. Schreibe die gesuchten Wörter aus Aufgabe 1 auf und ordne sie in die Tabelle.

s	ss	ß
Gestern	Fluss	begrüßten
besuchten	Fluss	schießen
lustig	Hochwasser	stieß
Felsen	vergessen	Spaß
	Wasser	ließ
	fassen	
	nass	

AB 23

s – ss – ß verlängern

Manchmal muss man das Wort verlängern.
Danach muss ein ... sein, um **s**, **ss**, oder **ß** zu erkennen.
Dabei hilft dir das Zauberwort „**alle**".

reißt – alle reißen   er riss – alle rissen   er liest – alle lesen

Finde das Verlängerungswort und entscheide **s / ss / ß**.

Er la...t das Buch.
alle lasen – Er las das Buch. _____

Er lä...t es liegen.
alle lassen – Er lässt es liegen. _____

Sie mi...t die Höhe.
alle messen – Sie misst die Höhe. _____

Er ra...te weg.
alle rasen – Er raste weg. _____

Er schlie...t es auf.
alle schließen – Er schließt es auf. _____

Sie rei...t es auf.
alle reißen – Sie reißt es auf. _____

Er kü...t sie.
alle küssen – Er küsst sie. _____

Er bei...t ihn.
alle beißen – Er beißt ihn. _____

Achtung: Nach ... steht niemals ...ss... .

i – ie (2)

1. Finde die Wörter mit **-ieren** und schreibe sie in die richtige Spalte.

train- · telefon- · grat- · rad- · stud- · kop- · mark- · **-ieren**

ich radiere	du radierst	er radiert
ich kopiere	du kopierst	er kopiert
ich telefoniere	du telefonierst	er telefoniert
ich trainiere	du trainierst	er trainiert
ich gratuliere	du gratulierst	er gratuliert
ich studiere	du studierst	er studiert
ich markiere	du markierst	er markiert

2. Finde die Vergangenheitsform dieser Wörter und schreibe sie auf.

sie stoßen – sie stießen   sie treiben – sie trieben
sie schweigen – sie schwiegen   sie raten – sie rieten
sie scheinen – sie schienen   sie blasen – sie bliesen
sie schreien – sie schrien   sie steigen – sie stiegen
sie schreiben – sie schrieben   sie heißen – sie hießen

---

i – ie (1)

1. Suche die Reimpaare und schreibe sie in die richtige Spalte.

fliegen, Bilder, Stille, schieben, winden, Spiegel, fließen, lieber, Ziegel, Biene, Schilder, finden, sieben, Kiste, richten, sichten, Schiene, Piste, Witte, liegen, winken, gießen, Schieber, blinken

i	ie
Bilder	fliegen
Stille	schieben
winden	Spiegel
Kiste	fließen
richten	lieber
winken	Biene

Schilder — liegen
Wille — sieben
finden — Ziegel
Piste — gießen
sichten — Schieber
blinken — Schiene

2. Setze die Silbenbögen.

3. Vervollständige die Regel.

Steht i am Ende einer Silbe, schreibe ich zumeist _ie_.

Endet die Silbe mit einem 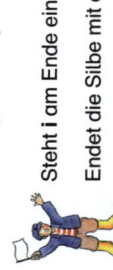, schreibe ich nur _i_.

4. Setze die Silbenbögen und male die nach dem **i** blau an.
Entscheide anschließend: **i** oder **ie**. Schreibe auf.

H i lfe, L ie gen, r ie chen, S i lbe, Z ie ge, Kl i nke, R i nder,

St ie fel, Fl ie ge, F ie ber, D ie ner, w ie gen, Sch i nken

i – ie Übung

1. Überlege, ob du **i** oder **ie** in die Lücken einsetzen musst. Beachte dabei die Strategiezeichen unter den Wörtern. Streiche bei i einen ab.

Nachbars Ziege

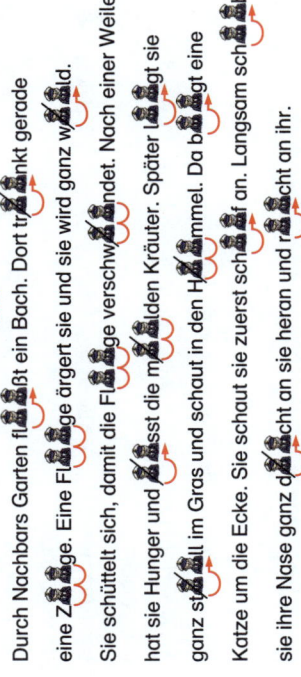

Durch Nachbars Garten fließt ein Bach. Dort trinkt gerade eine Ziege. Eine Fliege ärgert sie und sie wird ganz wild. Sie schüttelt sich, damit die Fliege verschwindet. Nach einer Weile hat sie Hunger und frisst die milden Kräuter. Später liegt sie ganz still im Gras und schaut in den Himmel. Da biegt sie eine Katze um die Ecke. Sie schaut sie zuerst schief an. Langsam schiebt sie ihre Nase ganz dicht an sie heran und riecht an ihr.

2. Schreibe die Wörter in die Tabelle. Manche kommen mehrmals vor. Schreibe sie nur einmal auf. Füge bei Wörtern mit ↷ das Verlängerungswort dazu.

i	Verlängerung		ie	Verlängerung
trinkt	trinken		Ziege	–
wild	wilden		fließt	fließen
verschwindet	–		Fliege	–
isst	essen		liegt	liegen
milden	–		biegt	biegen
still	stille		schief	schiefe
Himmel	–		schiebt	schieben
dicht	dichte		riecht	riechen

---

i – ie verlängern

Bei einsilbigen Wörtern musst du verlängern.
Dabei hilft dir das Zauberwort **alle**.

der Stiel – alle Stiele

Schreibe die Wörter auf und verlängere sie.

Nomen:
das Spiel, der Wind, das Lied, das Sieb, das Tier, das Ziel, das Kind, der Stier, der Dieb, das Bild

das Spiel – alle Spiele, der Wind – alle Winde,
das Lied – alle Lieder, das Sieb – alle Siebe,
das Tier – alle Tiere, das Ziel – alle Ziele,
das Kind – alle Kinder, der Stier – alle Stiere,
der Dieb – alle Diebe, das Bild – alle Bilder

Verben:
sie singt, es sinkt, er zieht, er hinkt, sie winkt, er schiebt, er biegt, sie wiegt

sie singt – alle singen, es sinkt – alle sinken,
er zieht – alle ziehen, er hinkt – alle hinken,
sie winkt – alle winken, er schiebt – alle schieben,
er biegt – alle biegen, sie wiegt – alle wiegen

Adjektive:
lieb, wild, dick, schief

lieb – alle lieben Kinder, wild – alle wilden Tiere,
dick – alle dicken Bäume, schief – alle schiefen Häuser

〰 fl – fr   AB 30

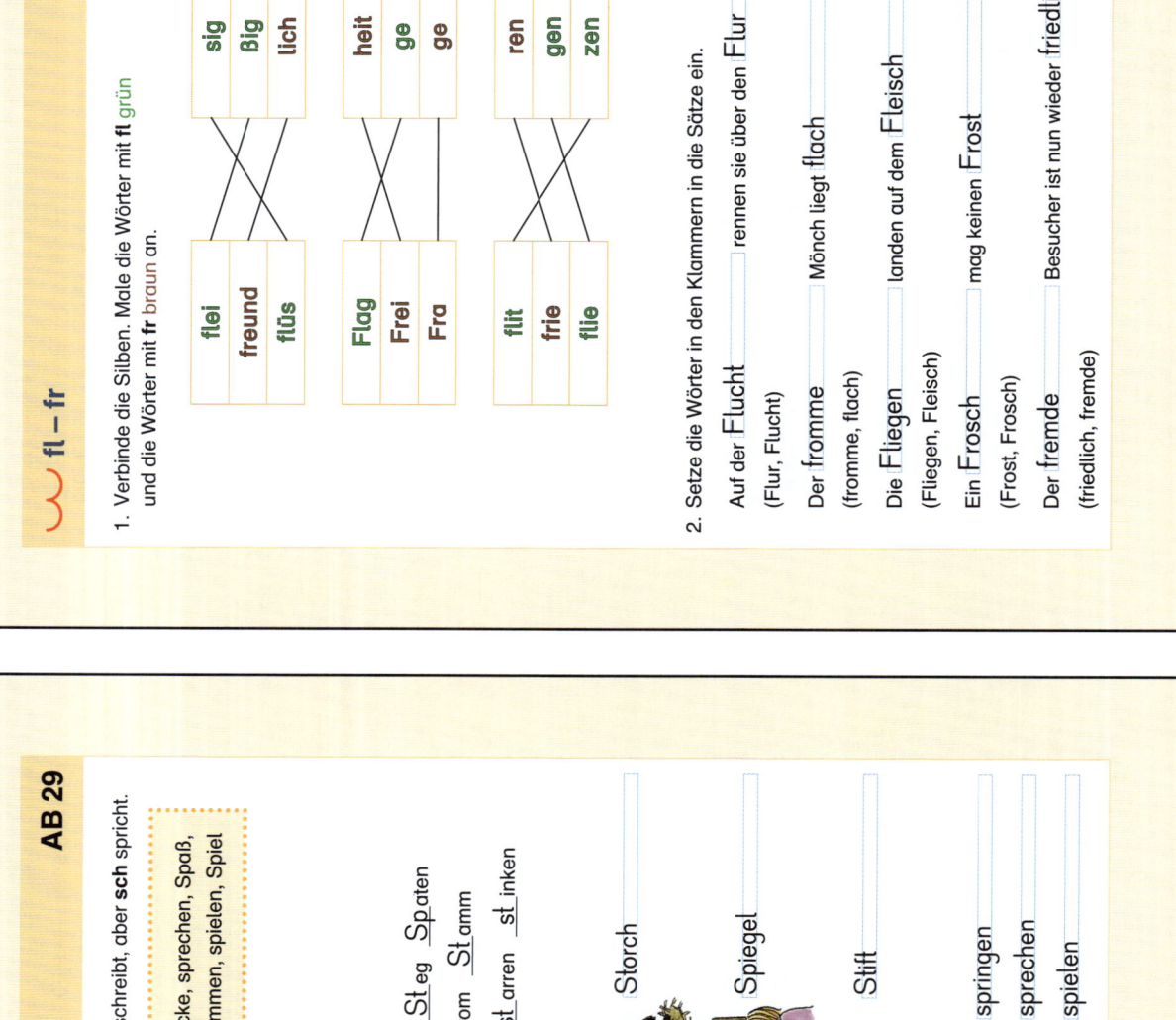

1. Verbinde die Silben. Male die Wörter mit **fl** grün und die Wörter mit **fr** braun an.

flei		sig
freund		ßig
flüs		lich

Flag		heit
Frei		ge
Fra		ge

flit		ren
frie		gen
flie		zen

2. Setze die Wörter in den Klammern in die Sätze ein.

Auf der Flucht _____ rennen sie über den Flur _____.
(Flur, Flucht)

Der fromme _____ Mönch liegt flach _____ auf dem Boden.
(fromme, flach)

Die Fliegen _____ landen auf dem Fleisch _____.
(Fliegen, Fleisch)

Ein Frosch _____ mag keinen Frost _____.
(Frost, Frosch)

Der fremde _____ Besucher ist nun wieder friedlich _____.
(friedlich, fremde)

〰 sp – st   AB 29

1. Lies die Wörter und finde heraus, wann man **s** schreibt, aber **sch** spricht.

schreiben, Spinat, spannend, stellen, Schnecke, sprechen, Spaß,
Spatz, Speck, Schrank, schlafen, Stift, schwimmen, spielen, Spiel

Ich schreibe **s** vor p und t .

2. Setze **Sp/sp** oder **St/st** ein.

Nomen: Sport Stiefel Stufe Stoff Steg Spaten
Stau Stachel Spachtel Strom Stamm

Verben: sp ringen st reiten sp rühen st arren st inken

3. Schreibe die Wörter auf.

Spinne _____   Storch _____

Specht _____   Spiegel _____

Sturm _____   Stift _____

4. Finde die Verben und schreibe sie auf.

Sturz – stürzen _____   Sprung – springen _____

Start – starten _____   Sprache – sprechen _____

Staub – stauben _____   Spiel – spielen _____

kl – kn – kr

1. Bei diesen Zungenbrechern fehlen die Anfangsbuchstaben **kl**, **kn**, **kr**. Schreibe diese auf und achte auf die Groß- und Kleinschreibung.

Ein ⁓leiner ⁓nallroter ⁓rebs ⁓nabbert an einer ⁓rummen, ⁓leinen ⁓rabbe. An einer ⁓rummen ⁓leinen ⁓rabbe ⁓nabbert ein ⁓nallroter ⁓rebs.

kleiner, knallroter, Krebs, knabbert, krummen, kleinen, Krabbe
krummen, kleinen, Krabbe, knabbert, knallroter, Krebs

Der ⁓luge ⁓laus ⁓nopf liebt ⁓nödel, ⁓löße, ⁓löpse. ⁓löpse liebt der ⁓luge ⁓laus ⁓nopf.

kluge, Klaus, Knopf, Knödel, Klöße, Klöpse
Knödel, Klöße, Klöpse, kluge, Klaus, Knopf

Eine ⁓leine ⁓lapperschlange ⁓lappert ⁓räftig mit ihrer ⁓lapper.
Mit ihrer ⁓lapper ⁓lappert ⁓räftig eine ⁓leine ⁓lapperschlange.

kleine, Klapperschlange, klappert, kräftig, Klapper
Klapper, klappert, kräftig, kleine, Klapperschlange

2. Lerne die Zungenbrecher auswendig.

---

bl – br, pf – pl – pr

1. In dieser Wörterschlange haben sich viele Wörter mit **bl** oder **br** am Wortanfang versteckt. Schreibe sie in die richtige Spalte.

BluseBlumenbringenBreiblasenBlüteblutenblinkenbremenbrennenbrechenblitzenblöd-BrillebrauchenbrummenbreitBrettbrutalblaublondbrüllenBrückebraunBrezel

bl	br
Bluse, Blumen,	bringen, Brei,
blasen, Blüte,	brennen, brechen,
bluten, blinken,	Brille, brauchen, brummen,
blitzen, blöd,	breit, Brett, brutal, brüllen,
blau, blond	Brücke, braun, Brezel

2. Setze **pf**, **pl** oder **pr** ein. Achte auf die Groß- und Kleinschreibung.

das Pr oblem, die Pf erde, pl agen, die Pr obe, pr üfen, die Pf lanzen, das Pr ogramm, die Pf orte, pr essen

3. Setze die Wörter aus Aufgabe 2 in die Sätze ein.

Meine Pferde [ ] fressen die Pflanzen [ ] aus Nachbars Garten.

Der Schüler sieht das Problem [ ] der Aufgabe nicht.

Die Probe [ ] für unser Theater plagt uns.

Das Programm [ ] für das Fest müssen wir noch prüfen [ ].

Wir öffnen die Pforte [ ] zum Garten.

Die Äpfel pressen [ ] wir aus.

∽ dr – tr

Wenn du die Buchstaben deutlich sprichst, hörst du, welche Wörter du mit **Dr/dr** oder **Tr/tr** schreibst.

1. Setze **Dr/dr** oder **Tr/tr** ein.

a) Die reifen T̲rauben bringen sie
mit dem T̲raktor in die Kellerei.
Dort t̲rennen sie sie von ihren Stielen
und gewinnen daraus t̲rüben Saft,
den wir t̲rinken können.

b) D̲rinnen in der D̲ruckerei d̲rucken sie
d̲reißig D̲romedare,
die sich im D̲reck d̲rängeln.

c) Wir t̲reffen unseren d̲reisten Nachbarn,
der d̲rohend um die Ecke t̲rottet.

2. * Schreibe zwei eigene Sätze.

Dort, wo sich die drolligen Trottel treffen, turnen dreißig
Dromedare umher.

Er trank den trüben Traubensaft mit drei großen Schlucken.

* Beispiellösung: Andere Lösungen sind möglich.

∽ gl – gr

1. Setze **Gl/gl** oder **Gr/gr** ein und schreibe die Wörter in die richtige Spalte.

Nomen: das G̶l̶as, das G̶r̶as, die G̶l̶ut, die G̶l̶ocke,
die G̶r̶ube, die G̶r̶ille

Verben: g̶l̶änzen, g̶r̶ühen, g̶r̶üßen, g̶r̶aben, g̶r̶illen

Adjektive: g̶l̶att, g̶r̶ob, g̶r̶oß, g̶l̶eich, g̶l̶ücklich

Gl/gl	Gr/gr
das Glas	das Gras
die Glut	die Grube
die Glocke	die Grille
glänzen	grüßen
glühen	graben
glatt	grillen
gleich	grob
glücklich	groß

2. Steigere die Adjektive und schreibe sie auf.

groß, grau, glatt, groß, grell

grob – gröber – am gröbsten

grau – grauer – am grausten

glatt – glatter – am glattesten

groß – größer – am größten

grell – greller – am grellsten

⚡ ä – Trimino

✂ Schneide die Dreiecke aus und lege die zusammengehörigen Wörter aneinander. *

kälter · kalt · verlassen · verlässt · Stand · Stände · erraten · errät · schläft · schlafen · nah · näher · arm · ärmer · Rang · Ränge · härter · hart · Magen · Mägen · Fach · Fächer · Gänge · Gang · fällt · fallen · Gäste · Gast · lang · länger · scharf · schärfer · Fass · Fässer · Brand · Brände · blasen · bläst · Gesang · Gesänge · schmal · schmäler · Kamm · Kämme · stärker · stark · wärmer · warm

* Beispiellösung: Andere Lösungen sind möglich.

⚡ a – ä

1. Finde die Mehrzahl und markiere **a/ä** rot. Schreibe auf.

der Fall, der Spaß, der Schatz, der Vater, der Kasten, der Unfall, das Rad, der Pass, der Plan, die Nacht, das Land, der Hang, der Garten, die Bank, das Band, die Angst

der F**a**ll ⚡ die F**ä**lle   der Sp**a**ß ⚡ die Sp**ä**ße

der Sch**a**tz ⚡ die Sch**ä**tze   der V**a**ter ⚡ die V**ä**ter

der K**a**sten ⚡ die K**ä**sten   der Unf**a**ll ⚡ die Unf**ä**lle

das R**a**d ⚡ die R**ä**der   der P**a**ss ⚡ die P**ä**sse

der Pl**a**n ⚡ die Pl**ä**ne   die N**a**cht ⚡ die N**ä**chte

das L**a**nd ⚡ die L**ä**nder   der H**a**ng ⚡ die H**ä**nge

der G**a**rten ⚡ die G**ä**rten   die B**a**nk ⚡ die B**ä**nke

das B**a**nd ⚡ die B**ä**nder   die **A**ngst ⚡ die **Ä**ngste

2. Finde das entsprechende Nomen oder Verb mit **a**. Schreibe auf.

Nomen	Verb		Verb	Nomen
der Bäcker	⚡ backen		schälen ⚡	die Schale
der Wächter	⚡ wachen		kämmen ⚡	der Kamm
der Träger	⚡ tragen		schämen ⚡	die Scham
der Jäger	⚡ jagen		drängen ⚡	der Drang
der Kläger	⚡ klagen		einfädeln ⚡	der Faden

⚡ e – ä, eu – äu (1)

Manche Wörter hören sich gleich an, doch du schreibst sie mit **e/eu** oder **ä/äu**. Hier musst du zuerst das Ableitungswort suchen.

Schreibe das Wort und trage **ä/äu** oder **e/eu** in die Lücken ein. Bei **ä/äu** fügst du das Ableitungszeichen daneben. Schreibe das Ableitungswort dahinter.

Er kommt auf alle Fälle. ⚡ die Fälle – der Fall

Ich streichle die Felle. die Felle

Er malt die Wände an. ⚡ die Wände – die Wand

Sie wendet das Blatt. wendet

Er ist ein Held. der Held

Sie hält mich fest. ⚡ hält – halten

Er reinigt diese Stellen. die Stellen

Tiere leben in Ställen. ⚡ die Ställe – der Stall

Die Welle hebt ihn an. die Welle

Er steigt auf die Wälle. ⚡ die Wälle – der Wall

Ich läute an der Tür. ⚡ läute – läuten

Die Leute singen mit. die Leute

⚡ au – äu

1. Welches Nomen passt zu den Verben? Schreibe auf. *

äu: ~~aufräumen~~, ~~träumen~~, ~~läuten~~, ~~schäumen~~

au: ~~bauen~~, ~~tauschen~~, ~~verkaufen~~, ~~rauschen~~

aufräumen ⚡ der Raum

träumen ⚡ der Traum

läuten ⚡ der Laut

schäumen ⚡ der Schaum

bauen ⚡ der Bau

tauschen ⚡ der Tausch

verkaufen ⚡ der Verkauf

rauschen ⚡ der Rausch

2. Schreibe die Wörter zusammen mit der Einzahl auf.

~~die Bräute, die Kräuter, die Läuse, die Träume, die Fäuste, die Häute, die Schläuche, die Gäule~~

die Bräute ⚡ die Braut

die Kräuter ⚡ das Kraut

die Läuse ⚡ die Laus

die Träume ⚡ der Traum

die Fäuste ⚡ die Faust

die Häute ⚡ die Haut

die Schläuche ⚡ der Schlauch

die Gäule ⚡ der Gaul

* Beispiellösung: Andere Lösungen sind möglich.

M Wörter mit ä – äu

1. Hier sind 17 Wörter mit **ä/äu** versteckt ohne ein verwandtes Wort mit **a/au**. Kreise sie ein.

W	S	M	Ä	R	Z	G	Ö	P	S	T	V	D	Z	H
Y	V	L	H	T	G	M	T	X	N	M	O	W	Ä	R
T	R	Ä	N	E	E	W	C	D	G	J	R	Ä	H	Ä
B	D	L	X	S	S	Ä	G	E	B	W	H	X	U	
F	Ä	H	I	G	C	R	Ü	C	K	W	Ä	R	T	S
P	M	K	C	L	H	Ä	R	R	S	T	R	E	S	P
E	L	N	H	T	Ä	H	E	I	K	P	T	N	Ä	E
B	I	Q	X	M	F	E	N	V	T	W	S	D	U	R
D	C	F	R	B	T	R	Ä	G	E	X	T	A	L	N
Z	H	N	Ä	M	L	I	C	H	G	Ä	H	N	E	N
G	E	T	Ö	N	D	E	D	M	S	C	H	R	Ä	G

2. Schreibe die Wörter auf. Achte auf die Groß- und Kleinschreibung. Schreibe die Nomen mit Artikel auf.

der März, die Träne, die Säge, fähig, rückwärts, träge, nämlich, gähnen, schräg, dämlich, ähnlich, das Geschäft, vorwärts, während, zäh, die Säule, räuspern

---

⚡ e – ä, eu – äu (2)

1. Überlege, ob du **ä/äu** oder **e/eu** schreiben musst. Setze bei **ä/äu** das Ableitungszeichen.

Achtung: 6 Wörter lassen sich nicht ableiten und du schreibst sie daher mit **e/eu**.

Gestern besuchte ich ein großes bräunliches Gebäude.

Davor stand ein Wächter und verriet uns,

dass darin Schätze verborgen wären.

Ich würde sie finden, wenn ich das Rätsel

im letzten Zimmer richtig löse.

Ich ging hinein.

Es gab viele Räume, ich zählte mehr als 15.

Als ich dem letzten Zimmer näher kam, spürte ich,

dass es immer wärmer wurde. In einem Kamin brannte ein Feuer.

Ich sah daneben einen Kasten mit 3 geheimen Fächern.

Darin lagen jeweils 3 Bälle. Darauf stand: ...

„Aufstehen!", rief meine Mutter. Schade, ich hatte nur geträumt.

2. Schreibe die Wörter aus Aufgabe 1 auf. Schreibe den Text dann als Laufdiktat ab.

Gestern, bräunliches, Gebäude, Wächter, Schätze, wären, wenn, Rätsel, letzten, Räume, zählte, mehr, letzten, näher, wärmer, Feuer, Fächern, Bälle, geträumt

M Wörter mit i – ine

1. Hier sind 15 Wörter mit i versteckt, die man nach der i-Regel eigentlich mit **ie** schreiben müsste. Schreibe sie in die passenden Kästchen.

Termin, Kino, Medizin, Familie, Kamin, Krokodil, Zitronen, Liter, Kilo, erwidern, Bibel, Radio, Minute, Technik, Gitarre, Kapitän

| K | i | n | o | | F | a | m | i | l | i | e | | T | e | r | m | i | n | | K | r | o | k | o | d | i | l |

| R | a | d | i | o | | G | i | t | a | r | r | e | | L | i | t | e | r | | Z | i | t | r | o | n | e | n |

| K | i | l | o | | M | i | n | u | t | e | | T | e | c | h | n | i | k | | K | a | p | i | t | ä | n |

| M | e | d | i | z | i | n | | B | i | b | e | l | | e | r | w | i | d | e | r | n | | K | a | m | i | n |

2. Wie lauten diese **-ine** Wörter? Schreibe sie auf.

Gerät für schwere Arbeiten: Maschine

getrocknete Weintraube: Rosine

anderes Wort für Geige: Violine

hängt vor einem Fenster: Gardine

zerstörte Burg: Ruine

Tochter meiner Tante: Cousine

kleine Orange: Mandarine

Sie kann uns im Winter verschütten: Lawine

kleiner Fisch: Sardine

wird wie Butter verwendet: Margarine

M Wörter mit ih – ieh

1. Setze die Wörter mit **-ieh** zusammen und schreibe sie auf.

bef-
st-
gesch-
s-
empf-
-ieht / -ieh

Wort	Grundform
befiehlt	befehlen
stiehlt	stehlen
geschieht	geschehen
sieht	sehen
empfiehlt	empfehlen

2. Setze die Wörter aus Aufgabe 1 in die Sätze ein.

Er stiehlt ____ das Geld.

Er sieht ____ den Fehler.

Heute geschieht ____ ein Unglück.

Er befiehlt ____ mir, das zu lassen.

Sie empfiehlt ____ mir das rote Kleid.

3. Setze **ihn, ihm, ihr, ihre, ihrer, ihrem** in die Sätze ein.

Lisa mag ihre ____ Schuhe nicht mehr. Sie will sich neue kaufen. Dabei hilft ihr ____ ihre ____ Mutter. Im Laden kommt ihr ____ ein Verkäufer zu Hilfe. Er zeigt ihr ____ die neuesten Modelle. Ein Paar gefällt ihr ____ und ihrer ____ Mutter auch. „Dort ist die Kasse", sagt ihr ____ der Verkäufer. Sie folgen ihm ____. Zuhause zeigt sie ihrem ____ Bruder, was sie gekauft hat. Sie fragt ihn ____, ob sie ihm ____ gefallen. Das tun sie nicht. Doch das ist ihr ____ egal. Es sind ihre ____ Schuhe. Sie zeigt die Schuhe auch ihrer ____ Freundin. Sie findet sie schön und freut sich mit ihr ____.

M Wörter mit oh – öh, uh – üh

1. Finde die Reimwörter und schreibe sie auf.

Stroh, wohl, Kohle, siehten, Bohne, befehlen, kühl, Chor, Mohn, Gefühl, ohne, kühlen, Sohle, fühlen, Rohr, führen, Floh, Uhr, rühren, bohl, fuhr, Lohn

Stroh – Floh, wohl – hohl, Kohle – Sohle,
stehlen – befehlen, Bohne – ohne, kühl – Gefühl,
Chor – Rohr, Mohn – Lohn, kühlen – fühlen,
führen – rühren, Uhr – fuhr

2. Welche Wörter mit oh/öh sind gesucht? Schreibe sie auf.

Um ein Loch in die Wand zu bekommen, muss ich bohren .

Ein Bär überwintert in einer Höhle .

Ich bin froh , wenn ich es geschafft habe.

3. Welche Wörter aus der Wortfamilie findest du? Schreibe auf.

ab- zu- weg- ent- ver-	**führ-**	-bar -en -end

abführen, abführend, zuführen,
zuführend, wegführen, wegführend,
entführbar, entführen, entführend,
verführbar, verführen, verführend

vor- er- be- nach- an- ge-	**fühl-**	-bar -en -los -end

vorfühlen, erfühlbar, erfühlen,
befühlen, nachfühlbar, nachfühlen,
anfühlen, anfühlend, gefühllos

M Wörter mit ah – äh – eh

1. Schreibe die richtigen Verbformen auf.

	ich	er	wir
erzählen	erzähle	erzählt	erzählen
ahnen	ahne	ahnt	ahnen
befehlen	befehle	befiehlt	befehlen
empfehlen	empfehle	empfiehlt	empfehlen
dehnen	dehne	dehnt	dehnen

2. a) Für welche Nomen gibt es keine Mehrzahl? Schreibe sie auf.

Bahn, Lehrerin, Anzahl, Wahl, Auffahrt, Gefahr, Verkehr, Kahn, Pfahl, Lehm, Sahne, Stahl, Draht, Nähe, Reh

Nomen ohne Mehrzahl (6 Wörter): Anzahl, Verkehr, Lehm,
Sahne, Stahl, Nähe

b) Schreibe die Mehrzahl der anderen Nomen auf.

Bahnen, Lehrerinnen, Wahlen, Auffahrten,
Gefahren, Kähne, Pfähle, Drähte, Rehe

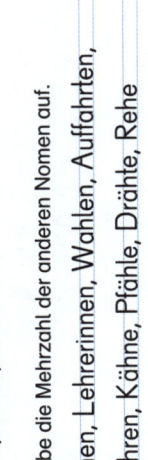

3. Setze die Wörter in die Lücken ein.

zahmen, gefährlich, lahm, kahlen, allmählich, mehr, zehn, ähnliche

Die zahmen Tiger sind immer noch gefährlich .

Der ehrliche Finder hat mehr als zehn Euro gefunden.

Allmählich wächst auf der kahlen Wiese wieder Gras.

Das verletzte Pferd geht lahm .

AB 45

M Wörter mit aa – ee – oo

1. Setze **aa**, **ee**, **oo** ein und schreibe die Wörter in die richtige Spalte.

der Tee, der Saal, das Boot, das Boot, das Meer, der Zoo, das Moos, die Waage, der Aal, das Moor, der Klee, die Fee, die Beere

aa	ee	oo
der Saal	der Tee	das Boot
die Saat	das Meer	der Zoo
die Waage	der Klee	das Moos
der Aal	die Fee	doof
das Paar	die Beere	das Moor

2. Bilde mit jedem Wort aus Aufgabe 1 ein zusammengesetztes Wort. Es gibt auch mehrere Möglichkeiten. Schreibe auf.

aa: die Balken-, der Speise-, die -flosse, die Aus-, das Tanz-
ee: die Him-, die -tasse, das -blatt, der -nstaub, die -enge
oo: die -pflanze, das Torf-, die -heit, das -tier, die -splanke

die Balkenwaage	die Himbeere	die Moospflanze
der Speisesaal	die Teetasse	das Torfmoor
die Aalflosse	das Kleeblatt	die Doofheit
die Aussaat	der Feenstaub	das Zootier
das Tanzpaar	die Meerenge	die Bootsplanke

AB 46

M Wörter mit v

1. In manchen Wörtern klingt ein **v** wie **f** oder **w**. Schreibe die Wörter in die richtige Spalte.

der Vogel, die Vase, vielleicht, vier, das Video, das Veilchen, das Pulver, das Verb, violett, die Violine, der Vater, brav, die Larve, der Pullover

wie **f** gesprochen	wie **w** gesprochen
der Vogel	die Vase
vielleicht	das Video
vier	das Pulver
das Veilchen	das Verb
der Vater	violett
brav	die Violine
die Larve	der Pullover

2. Finde die 16 Wörter mit **v**, unterstreiche sie und schreibe sie auf.

VrgAdventmlkLarvegvldverlierenöutzvklVersbursvoranbxcvghVilla
VmdvVolkhijkKlavieröhxtgrvoVentilpqurvVkimVorratnVereinpo
NervbzucvwaVktölkViehgfrdsvzuverstauencalvelkoitvktvieläipmk
öfrtvhiVtrdzverstehenghijk

Advent, Larve, verlieren, Vers, voran, Villa, Volk, Klavier,
Ventil, Vorrat, Verein, Nerv, Vieh, verstauen, viel, verstehen

M Wörter mit qu

Achtung: Wenn du ein **kw** hörst, schreibe **qu**.

1. Finde die 20 **qu**-Wörter und kreise sie ein.

```
b r t r s K a u l q u a p p e
e Q u a r k o p Q u o t e x Q
q u ä l e n w Q h e j k l m u
u a v g h Q u i r l z t Q a l
e d u Q A q u a r i u m c u l
m r a u y t a l u o k l r a i
z a r i d t l x c h p f t t
u t t z q u i e k e n i k s ä
Q u e l l e v q u a k e n c t
s i t Q u i t t u n g o p h x
c h t l q u a t s c h e n w z
```

2. Schreibe die Wörter aus Aufgabe 1 auf.

bequem, Quadrat, Quartett, Quiz, Qual, Qualle, quer, Quatsch, Qualität, Kaulquappe, Quark, Quote, quälen, Quirl, Aquarium, quieken, Quelle, quaken, Quittung, quatschen

3. Setze einige der gefundenen Wörter aus Aufgabe 1 hier ein.

Der Fisch schwimmt im Aquarium _____. Die Schweine quieken _____.

Die Frösche quaken _____.

Wir sollen kein Rechteck, sondern ein Quadrat _____ malen.

Ich quatsche _____ immer lange am Telefon. Halte das Blatt quer _____.

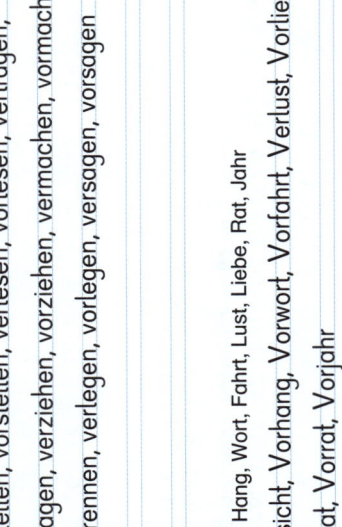

M Vorsilbe ver-/vor-

Die Vorsilben **ver-** und **vor-** schreibst du mit **v**.
Ferien und fertig haben keine Vorsilben. Du schreibst sie mit **f**.

1. Bilde zu jedem Verb und zu jedem Nomen neue Wörter mit **ver-** und **vor-**.
Manchmal sind beide Vorsilben möglich. Schreibe die Verben auf.

a) stellen, lesen, tragen, ziehen, machen, brennen, legen, sagen

verstellen, vorstellen, verlesen, vorlesen, vertragen, vortragen, verziehen, vorziehen, vermachen, vormachen, verbrennen, verlegen, vorlegen, versagen, vorsagen

b) Sicht, Hang, Wort, Fahrt, Lust, Liebe, Rat, Jahr

Vorsicht, Vorhang, Vorwort, Vorfahrt, Verlust, Vorliebe, Verrat, Vorrat, Vorjahr

2. Setze **verwandt/Verwandte/Verwandtschaft** ein.

Die Wörter sind miteinander verwandt _____.

Mein Onkel und meine Tante sind mit mir verwandt _____.

Auch meine Cousinen sind Verwandte _____ von mir.

Zusammen gehören sie zu unserer Verwandtschaft _____.

M Wörter mit ai — AB 49

1. Bilde zusammengesetzte Nomen und schreibe sie auf. Achte auf die Groß- und Kleinschreibung.

> Kaiser Mai Waisen Mais
> Brot Gitarren Klavier
> Hammer Käse Hai

> -krone -kolben -haus -hai
> -käfer -reich -kind -baum
> -ernte -flosse -laib -saite

Kaiserkrone, Kaiserreich, Maikäfer, Maibaum, Waisenhaus,

Waisenkind, Maiskolben, Maisernte, Brotlaib, Gitarrensaite,

Klaviersaite, Hammerhai, Käselaib, Haiflosse

2. Fülle die Kästchen so aus, dass jedes Wort in jeder Spalte, in jeder Zeile und in jedem Quadrat nur einmal vorkommt.

Setze ein: Mais, Laie, Kaiser, Waise.

Kaiser	Laie	Mais	Waise
Mais	Waise	Laie	Kaiser
Laie	Kaiser	Waise	Mais
Waise	Mais	Kaiser	Laie

Setze ein: Laib, Saite, Hai, Samurai.

Hai	Samurai	Laib	Saite
Laib	Saite	Hai	Samurai
Saite	Hai	Samurai	Laib
Samurai	Laib	Saite	Hai

M Wörter mit x – chs – ks — AB 50

1. Schreibe die Wörter mit **x** – **chs** – **ks** in die richtige Spalte.

Nomen: Hexe, Büchse, Fuchs, Ochse, Keks
Verben: wechseln, mixen
andere Wörter: links, extra, verflixt

x	chs	ks
Hexe	Büchse	Keks
mixen	Fuchs	links
extra	Ochse	
verflixt	wechseln	

2. Spiel „Wörter versenken": Setze 8 Merkwörter von oben in das erste Spielfeld ein. Suche dir einen Partner und spiele es wie „Schiffe versenken". *

Spielfeld 1

	A	B	C	D	E	F	G	H	I	J
1	B	Ü	C	H	S	E				
2			O		E					
3	K		C		X					
4	E		H		T					
5	L		S		R					
6	I		E		A					
7	N		H	E	X	E				
8	K		F	U	C	H	S			
9	S									
10	W	E	C	H	S	E	L	N		

Spielfeld 2

	A	B	C	D	E	F	G	H	I	J
1										
2										
3										
4										
5										
6										
7										
8										
9										
10										

* Beispiellösung: Andere Lösungen sind möglich.

G Großschreibung (1) — AB 52

Alles, was man **sehen** (den Himmel), **anfassen** (das Auto) oder **haben** (der Hunger) kann, sind Nomen. Nomen können einen Begleiter haben und du schreibst sie groß.

GLÜCK ZUHAUSE ANTWORT LOBEN ZEICHNUNG WETTER WIND KLEIN LOCH VERSUCH WELT VERBRECHEN TEIL STEHEN SCHLUSS LUFT ABER HÄLFTE FLECK ENDE LASSEN DURST PFLANZE

1. Finde die Nomen und schreibe sie mit Begleiter in die richtige Spalte. 5 Wörter sind keine Nomen.

der	die	das
der Wind	die Antwort	das Glück
der Versuch	die Zeichnung	das Zuhause
der Teil	die Welt	das Wetter
der Schluss	die Luft	das Loch
der Fleck	die Hälfte	das Verbrechen
der Durst	die Pflanze	das Ende

2. Manche Wörter sind Nomen oder Verben. Hier musst du auf die Bedeutung im Satz achten. Probiere, ob der Satz noch richtig ist, wenn man vor das Wort **der, die, das** setzt. Setze die Wörter in den Klammern ein.

Wir wissen _____ es. Mein Wissen _____ ist groß. (wissen/Wissen)

Ich habe eine Bitte _____. Ich bitte _____ dich. (Bitte/bitte)

Sie antworten _____ uns. Meine Antworten _____ schreibe _____ ich auf. (antworten/Antworten)

Ich mag Spiele _____. Ich spiele _____ mit dir. (spiele/Spiele)

M Fremde Wörter — AB 51

Diese Wörter kommen nicht aus der deutschen Sprache.

1. Suche die Wörter im Wörterbuch und schreibe sie mit Artikel ab. Schreibe auch die Seite auf, auf der du sie gefunden hast. Beispiel aus dem Wörterbuch „Schlag auf, schau nach!"

die Pizza, S. 187; das Radio, S. 192; das Yoga, S. 248; der Teddy, S. 222; das Handy, S. 148; die Zitrone, S. 250; der Clown, S. 118; die Pommes frites, S. 188; der Computer, S. 118; das Pony, S. 188; der Cowboy, S. 118

2.* Finde weitere Beispiele im Wörterbuch und schreibe sie auf.

das Café, der Champion, der Buggy, das Kaleidoskop, das Ticket, das Lexikon, der Waggon, der Schaschlik, der Rowdy, das Play-back, das Keyboard

* Beispiellösung: Andere Lösungen sind möglich.

AB 54

G Nomen auf -heit, -keit, -nis, -ung

Mit den Endungen **-heit** und **-keit** werden Adjektive zu Nomen:
einsam – **Einsamkeit.**

Mit der Endung **-ung** werden Verben zu Nomen:
dehnen – **Dehnung.**

Mit der Endung **-nis** können Adjektive und Verben zu Nomen werden:
hindern – **Hindernis.**

1. Hänge an die Adjektive die richtige Endung **-heit, -keit, -nis**
und schreibe die Nomen auf.

> tapfer, übel, sauber, klug, gesund, dumm, geheim,
> schön, frei, heiser, krank, gleich

tapfer – die Tapferkeit, übel – die Übelkeit, sauber – die

Sauberkeit, klug – die Klugheit, gesund – die Gesundheit,

dumm – die Dummheit, geheim – das Geheimnis, schön –

die Schönheit, frei – die Freiheit, heiser – die Heiserkeit,

krank – die Krankheit, gleich – die Gleichheit

2. Hänge die Endungen **-ung** und **-nis** an die Verben und schreibe die Nomen auf.

> ergeben, reinigen, heizen, wohnen, erleben, ereignen,
> gefangen, spülen, retten, begegnen

ergeben – das Ergebnis, reinigen – die Reinigung, heizen –

die Heizung, wohnen – die Wohnung, erleben – das Erlebnis,

ereignen – das Ereignis, gefangen – das Gefängnis, spülen –

die Spülung, retten – die Rettung, begegnen – die Begegnung

AB 53

G Großschreibung (2)

Außer **der, die, das** können Nomen auch andere Begleiter haben:
ein/eine, kein/keine, ihr/sein, mein/dein, euer/unser oder
ein **Zahlwort** (**zwei** Euro, **viele** Euros).

1. Setze den Begleiter in den Satz ein. Er zeigt dir das Nomen.
Schreibe den Satz mit richtiger Groß- und Kleinschreibung auf.

er kennt haus. (dein)　　Er kennt dein Haus.

ich habe angst. (keine)　　Ich habe keine Angst.

heft ist voll. (sein)　　Sein Heft ist voll.

er singt lied. (ein)　　Er singt ein Lied.

sie sehen garten. (unseren)　　Sie sehen unseren Garten.

kleid ist blau. (ihr)　　Ihr Kleid ist blau.

sie hat uhr gefunden. (eine)　　Sie hat eine Uhr gefunden.

freude ist groß. (meine)　　Meine Freude ist groß.

sie hat junge. (fünf)　　Sie hat fünf Junge.

er fand Parkplatz. (keinen)　　Er fand keinen Parkplatz.

2. Setze nun zwischen die Begleiter und Nomen aus Aufgabe 1
ein Adjektiv ein.
dein schönes **Haus**

Diese Adjektive helfen dir: kleines, große, grüne, grünen, neues, schöne,
echte, kleine, freien, kleines.

dein kleines Haus, keine große Angst, das grüne Heft,

ein kleines Lied, unseren grünen Garten, ihr neues Kleid,

eine schöne Uhr, meine echte Freude, fünf kleine Junge,

keinen freien Parkplatz

30

G Übung (1)

1. Unterstreiche im Text alle Wörter, die Dinge bezeichnen, die man sehen, anfassen oder haben kann, rot.
2. Unterstreiche die Wörter mit den Endungen **-heit**, **-keit**, **-nis**, **-ung** grün.
3. Unterstreiche alle Begleiter blau.

Im land der elfen

Es war einmal ein uralter bunter zauberwald. Zwischen seinen uralten baumriesen lebte das volk der elfen. Sie lebten in häusern, die wie pilze aussahen, und sie hüteten ein geheimnis: den goldenen ring der zwerge. Er war ihnen vor vielen jahren überlassen worden. Mit ihm konnte man sich alle wünsche erfüllen.

Davon hörte die kleine prinzessin. Ihr vater, der könig von arkadien, war schwer erkrankt und die besten ärzte konnten ihm nicht helfen. Sie wünschte sich so sehr, dass ihr vater wieder seine gesundheit erlangen würde.

Also machte sie sich auf den weg in das reich der elfen.

Der weg war weit und sie musste über zwei hohe berge, bis sie den zauberwald erreichte.

Bunte schmetterlinge begleiteten sie. Kleine bunte vögel flüsterten in ihr ohr: „Du musst ganz leise sein, sonst vertreibst du die scheuen wesen."

Also ging sie mit leisen schritten immer tiefer in den wald hinein.

An einem klaren bach trank sie, denn sie hatte durst bekommen.

Dabei beobachtete sie die munteren fische im wasser und sah den fröschen zu, wie sie sich in der sonne ausruhten.

Jetzt bemerkte sie, dass sie müde wurde, und sie schlief auf dem weichen moos ein.

Da erschien hinter einem großen stein ein kleines wesen mit großen flügeln.

„Hey, kleine prinzessin! Was führt dich zu uns?"

„Wer bist du?", fragte die prinzessin.

„Ich bin die hüterin des goldenen rings der zwerge", hörte sie und sie antwortete: „Dich habe ich gesucht. Vielleicht kannst du mir in meiner verzweiflung helfen? Ich bin ganz traurig, dass mein vater so krank ist

---

G Zusammengesetzte Nomen

Wird aus 2 Wörtern ein neues Wort gebildet, so richtet sich die Wortart nach dem 2. Wort. Ist das 2. Wort ein Nomen, so bestimmt dieses den Begleiter.

Adjektiv und Nomen: blau + **die** Meise = **die** Blaumeise
Verb und Nomen: trinken + **der** Becher = **der** Trinkbecher
Nomen und Nomen: die Tasche + **das** Tuch = **das** Taschentuch

Bilde zusammengesetzte Nomen und schreibe sie mit Begleiter auf. Achte auf die Groß- und Kleinschreibung.

Adjektive: dumm, schnell, kühl, faul, hoch + Nomen: Bahn, Kopf, Tier, Schrank, Haus

der Dummkopf, die Schnellbahn, der Kühlschrank, das Faultier,

das Hochhaus

Verben: baden, singen, trinken, malen, kochen, wohnen + Nomen: Vogel, Zimmer, Buch, Glas, Wanne, Stift

die Badewanne, der Singvogel, das Trinkglas, der Malstift,

das Kochbuch, das Wohnzimmer

Nomen: Wurst, Haar, Garten, Haus, Karten, Regen, Sonne + Nomen: Schuhe, Spange, Brille, Spiel, Beet, Brot, Bogen

das Wurstbrot, die Haarspange, das Gartenbeet,

die Hausschuhe, das Kartenspiel, der Regenbogen,

die Sonnenbrille

AB 60 — Anwendung der Rechtschreibstrategien

Bei den folgenden Wörtern ist die schwierige Stelle **fett** gedruckt. Schreibe hinter dem Wort das Zeichen und die Nummer der Strategie, die dir helfen kann.

Wort	Code	Wort	Code	Wort	Code
Schlösser	~ 1a	schälen	⚡ 3a	Zitrone	M 4b
Blitz	~ 2e	riechen	~ 1b	heraus	~ 1d
tragen	~ 1e	blüht	~ 2c	Geist	G 5a
brennt	~ 2f	Vers	M 4d	Läuse	⚡ 3b
welkt	~ 2d	übt	~ 2a	Hilfe	~ 1b
Hölzer	~ 1c	fehlen	M 4c	Moor	M 4e
Heizung	G 5b	kälter	⚡ 3a	misst	~ 2f
stellen	~ 1d	liegen	~ 1b	Herr	~ 2f
Meer	M 4e	Spitze	~ 1c	schwimmt	~ 2f
blieb	~ 2b	Tricks	M 4f	kurz	~ 2e
drinnen	~ 1d	passt	~ 2f	Erlebnis	G 5b
Liebe	~ 1b	Pfad	~ 2a	läuten	⚡ 3b
Karren	~ 1d	fliegt	~ 2b	Keks	M 4f
hohl	M 4c	sammeln	~ 1d	Welt	G 5a
Witz	~ 2e	trüb	~ 2a	Soße	~ 1d
Laden	~ 1a	Arzt	~ 2e	müssen	~ 1d
Säge	M 4a	hofft	~ 2f	Rechnung	G 5b
spät	M 4a	Spiegel	~ 1b	sitzen	~ 1c
kennen	~ 1d	Träume	⚡ 3b	wahr	M 4c
Ampel	G 5a	vorher	M 4d	hetzen	~ 1c
schiebt	~ 2b	Risiko	M 4b	Pässe	⚡ 3a

G Übung (2) — AB 57

und keiner seine krankheit heilen kann. Daher gibt es im ganzen reich keine ordnung mehr. Die menschen arbeiten nicht mehr.

Unsere kinder haben hunger, denn der bäcker bäckt kein brot mehr und der metzger hat kein fleisch mehr."

Die kleine elfe überlegte: „Wenn du mir versprichst, dass niemand unsere ruhe hier stören wird und in diesem wald kein mensch die bäume fällen und die pflanzen pflücken wird, so werde ich dir helfen."

„Ja, ja, das versprechen will ich dir geben."

„Also steck dir diesen ring an deinen kleinen finger, drehe ihn einmal herum und sprich die worte: vater gesunde mit dem ring aus dem elfenwald."

Sie tat, wie ihr geheißen.

Die elfe verschwand so plötzlich,
wie sie gekommen war.

Langsam wachte die prinzessin
wieder auf. Hatte sie geträumt?
Sie wusste es nicht.

Doch etwas in ihr sagte,
sie solle umkehren.

Also verließ sie den wald.

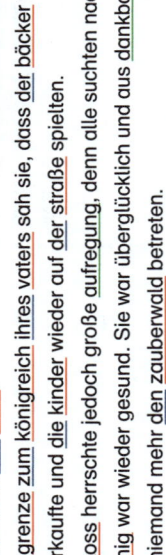

An der grenze zum königreich ihres vaters sah sie, dass der bäcker wieder brot verkaufte und die kinder wieder auf der straße spielten.

Im schloss herrschte jedoch große aufregung, denn alle suchten nach ihr.

Der könig war wieder gesund. Sie war überglücklich und aus dankbarkeit durfte niemand mehr den zauberwald betreten.

4. Schreibe alle Nomen mit Begleiter auf, die im Text keinen Begleiter haben.
die Häuser, die Pilze, die Berge, die Jahre, die Wünsche, der Durst, die Schritte, die Vögel, die Flügel, die Prinzessin, der Hunger, der Vater, das Brot, die Aufregung, die Dankbarkeit

5. Schreibe den Text in richtiger Groß- und Kleinschreibung ab.